BEI GRIN MACHT SICH IHR WISSEN BEZAHLT

AF149577

- Wir veröffentlichen Ihre Hausarbeit,
  Bachelor- und Masterarbeit

- Ihr eigenes eBook und Buch -
  weltweit in allen wichtigen Shops

- Verdienen Sie an jedem Verkauf

Jetzt bei www.GRIN.com hochladen
und kostenlos publizieren

André Böhlmann

Fachdidaktik mündlich. Lernzusammenfassung für Staatsexamen Deutsch

GRIN Verlag

Bibliografische Information der Deutschen Nationalbibliothek:

Die Deutsche Bibliothek verzeichnet diese Publikation in der Deutschen National-
bibliografie; detaillierte bibliografische Daten sind im Internet über http://dnb.d-
nb.de/ abrufbar.

Impressum:

Copyright © 2013 GRIN Verlag GmbH
Druck und Bindung: Books on Demand GmbH, Norderstedt Germany
ISBN: 978-3-656-71276-3

Dieses Buch bei GRIN:

http://www.grin.com/de/e-book/277760/fachdidaktik-muendlich-lernzusammenfas-
sung-fuer-staatsexamen-deutsch

GRIN - Your knowledge has value

Der GRIN Verlag publiziert seit 1998 wissenschaftliche Arbeiten von Studenten, Hochschullehrern und anderen Akademikern als eBook und gedrucktes Buch. Die Verlagswebsite www.grin.com ist die ideale Plattform zur Veröffentlichung von Hausarbeiten, Abschlussarbeiten, wissenschaftlichen Aufsätzen, Dissertationen und Fachbüchern.

Besuchen Sie uns im Internet:

http://www.grin.com/

http://www.facebook.com/grincom

http://www.twitter.com/grin_com

MENZEL (PRAXIS DEUTSCH)

Die aktuelle Diktatpraxis ist zweifelhaft, da sie am Produkt orientiert ist.

Zwar hat es die Funktion Rechtschreibkompetenzen nachzuweisen, jedoch ist es ist fraglich, wie durch diese Praxis Rechtschreibkompetenzen nachgewiesen werden können.

Seine Durchführung ist recht einfach und auch die Auswertung scheint im Zählen von Fehlern schnell getan. Schnell wird es aber als autoritäres Instrument gebraucht um Schülern zu zeigen, was sie noch nicht können und gefälligst zu lernen haben.

Prüfdiktat vs. Übungsdiktat:

Verfahren zum Erwerb oder zur Überprüfung von Rechtschreibfähigkeiten

Besonderheit der Diktiersituation:

besondere Diktiersprache, die teils überpronanziert ist und künstliche, seltsam anmutende Sprechpausen macht.

-Sprechtempo

- Dehnen und silbisches Untergliedern von Wörtern

- Wiederholung von Satzteilen und Einzelwörtern

- Verfremdung und „falsches" Sprechen somit absichtlich, funktional

Diktatkritik ist nicht neu, schon August Wilhelm Lay (einer der ersten wissenschaftlich arbeitenden Pädagogen) bezeichnete es 1896 als minderwertiges Übungsmittel.

Joachim Riehme wiederum schrieb dem Diktat grundlegende „wichtige bildende und erzieherische Potenzen zu, durch die auch auf die Persönlichkeit des Schüler im Allgemeinen eingewirkt werden könne

Das Diktat hielt sich unter anderen Gründen im Schulunterricht:

-   Selektionsfunktion der Schule
-   Konservative Haltung der Gesellschaft
-   Arbeitsökonomische Vorteil
-   Disziplinierende und autoritätsdokumentierende Wirkung

Probleme des Diktats auf Schülerseite:

-   Länge
-   Konzentration
-   Überdeutliches Sprechen führt trotzdem zu Fehlern, wie dem Vergessen von Flexionsendungen (kein en / ein em), da die S rekursiv in die Alltagssprache transkribieren, andererseits führt Überdeutlichkeit des Sprechens auch zu Hinzufügen von Buchstaben (sie

sah r), weiterhin Lang-/Kurzvokalunterscheidung durch langsames silbisches Sprechen nicht mehr gewährleistet: hellen → hä len

- Keine Zeit, über Rechtschreibung nachzudenken, weil schon weiter diktiert wird (Rückstaus mit Auffahrunfällen, Folgefehler...)
- Inhalt wird wahrgenommen neben Sprache, lenkt ab
- Nervosität, Angst vor Fehlern erzeugt Fehler
- Fehler entstehen durch den Duktus des Diktierens: L liest Satz einmal vor, wiederholt dann alle Teile (als Sinneinheiten gegliedert) langsam in Tempo, das zum Aufschreiben langsam genug ist. Manche S schreiben besser, wenn der ganze Satz in „Normalsprache" mehrfach wiederholt wird.

Diktat eine der schwierigsten Fertigkeiten, da von auditiv-phonetischem zu optisch-graphemischem transkodiert werden muss → Systemwechsel →dagegen könnte Wanderdiktat helfen

Außerdem muss auch Dialekt und Prosodie des Diktierenden ins Standarddeutsche transformiert werden. Durch all diese Faktoren fällt es schwer, orthographisch bei der Sache zu bleiben.

KORREKTUR:

1. Fehlerfeststellung / Fehlerzählung

Einfach Zählung ist problematisch

Quantität:

Wiederholungsfehler: wie Groß-Kleinschreibung (vielleicht 6 Fehler gemacht, dabei aber immer wieder ein und dieselbe Regel verletzt – wenn also diese eine Regel berücksichtigt würde, würden alle Fehler mit einem Mal verschwinden)

Qualität:

Flüchtigkeitsfehler: Vergessene Buchstaben, Diakritika wie Punkte über Ö haben anderes Gewicht wie Falschreibungen gebräuchlicher Wörter wie Haus (Hauß) oder Größe (Kröse), oder Fremdwortfalschschreibungen

2. Korrektur in Hinblick auf individuelle Leistung:

1. Lernzuwachs→persönliche Weiterentwicklung
2. **Zielannährung**→was war gefordert, wie dicht kam der S an das gesetzte Ziel
3. **Standort**→Verhältnis der Schülerleistung zur Klassenleistung
4. Eignung → wird S künftigen Anforderungen gerecht werden können?

(Schulische Messung der Rechtschreibleistung ehr aus 2. Und 3. als aus 1. und 4.)

2

Methodische Ansätze:

1. Schwerpunktdiktat;
2. Kurz- und Langdiktatgruppen einteilen;
3. richtigen Text mit Markierungen der Schülerfehler ausgeben (bei vielen Fehlern nicht alle Fehler anzeigen, sondern Schwerpunkte, da schlechte Note + aufwendige Nachkorrektur motivationsraubend sein können und kein Lerneffekt eintritt → stattdessen wenige Wörter richtig schreiben lassen, Fehlerposition unterstreichen lassen, Verben flektieren lassen und Wortfamilien bilden lassen);
4. Wanderdiktat;
5. Diktatberichtigung durch Schüler mit zeitlichem Abstand;

Diktate geben keinen klaren Aufschluss über die allgemeine Rechtschreibfähigkeit eines Menschen, allgemeine Rechtschreibleistungen und besondere Diktatleistungen sind keinesfalls deckungsgleich.

6. Vorgegebener Sprachschatz (Wortmaterial) des Textes entspricht oft nicht dem Sprachschatz des Diktatschreibers, der dennoch orthographische Fähigkeiten besitzen kann.

Kommafehler: einfache Syntax, wenige zu setzende Kommata → 12=viel

Komplexe Syntax, viele zu setzende Kommata →12=wenig

7. Geübtes Diktat vs. Neue Wörter: dürfen nur geübte Wörter vorkommen, wie sind unbekannte Wörter zu bewerten? → gibt es eine den Schülern bekannte Regel, die bei Anwendung zu Richtigschreibung führt, sollte Wort bewertet werden, andernfalls nicht (meine Meinung: also ungeübtes Diktat untauglich); hingegen allgemein bekanntes Wortmaterial (vgl. auch Unterschied von bohren vs. Geboren) sollte in jedem Fall bewertet werden.
8. Diktat aus Schülerbeschreibungen (schaut aus dem Fenster und beschreibt, was man so sieht)
9. Wort-/Satz-/oder Textdiktat?

CHRISTA RÖBER – Ermittlung rechtschreiblicher Kompetenz

- Lernen als Prozess des Zuwachses von Ressourcen
- Erwachsene und Kinder lernen gleich, es gibt keine Qualitätsunterschiede, sondern nur quantitative
- Ressourcen führen zu erweiterten Ressourcen, wiederum zu erweiterten Ressourcen, dafür jedoch notwendig, dass bestehende Ressourcen automatisiert wurden (also im Arbeitsgedächtnis zur Verfügung stehen)→ dies wird durch ständige Wiederholung erreicht

- Dementsprechend Sprachliche Entwicklung nicht in Stufen (teleologisch) entfaltet, sondern als Vergrößerung des Gesamtpotentials verstanden
- Sprache entfaltet sich durch sozial differente Erfahrungen→so stehen bestimmte Ressourcen zur Verfügung, durch Erweiterung des sozialen Umfeldes erweitert sich auch das Sprachvermögen (durch neue kommunikative Aufgaben, die bewältigt werden müssen)

- Schon vor Schriftspracherwerb machen sich Kinder auf die Suche nach Regularitäten, die es ihnen ermöglichen, kommunikativ relevante grammatische Strukturen zu erwerben
- Diese Strukturen stehen als Ressourcen zur Verfügung und werden beim Schriftspracherwerb angewendet
- Aufgaben im Unterricht sind so zu stellen, dass SuS auf ihre bereits vorhandenen Ressourcen zurück greifen können
- Wachsenlassen und Wachstumsstörungen beseitigen! Lehrer als „Wächter" (Reformpädagogik)

- **Rechtschreibtests:**
  1. logographemische   „
  2. alphabetische   „
  3. morphematische   „
  4. orthographische   Strategie

Stufenhafte Entwicklung von Peter May konstatiert, wobei die drei ersten didaktisch weitgehend ignoriert werden, oder nicht bekannt sind:

„Skelettschreibung" von Schreibanfängern wird so beispielsweise nicht als Leistung gewürdigt, die die erfolgreiche Anwendung gelungener phonologischer Segmentierung bedeutet
(Ressourcen→ werden zu Handlungsmustern→ sind in ihrer Gesamtheit Strategien)

Orthographisches Wissen: s / ss oder ß

VETO! Richtiges Sprechen als Voraussetzung für richtiges Schreiben nötig, jedoch Gegenbeispiel: jemand der richtig schreibt, jedoch nicht richtig spricht (Dialekt, Soziolekt-bedingt oder wie auch immer...)

ANALYSE VON LERNAUFGABEN im LITERATURUNTERRICHT:

Aufgaben werden von den weniger komplexen Übungen abgegrenzt. Unter Lernaufgaben können alle Aufgabenstellungen verstanden werden, die fachspezifische Lernprozesse anregen, begleiten und beeinflussen. Lernaufgaben lassen sich nach Erarbeitungs-, Übungs- und Evaluationsaufgaben unterscheiden

Lernaufgaben zum Textverstehen im Literaturunterricht können danach klassifiziert werden, welche Textverstehensprozesse sie einfordern und welche entsprechenden Teilkompetenzen sie potentiell fördern. Diese Aufgabenmerkmale zielen also auf die

kognitiven Prozesse:

Hierarchiehohe Prozesse:

globale Kohärenz, Situationsmodell, Gesamtzusammenhang eines Textes, auch Superstrukturen wie textsortenspezifische Merkmale, Erkennen von Darstellungsstrategien

hierarchieniedrige Prozesse:

Wort-, Satz- und Absatzebene, Verstehen von Einzelaussagen, Erfassen der propositionalen Aussagen eines Textes, Etablierung von lokaler Kohärenz

Unterscheidung von Textverstehensaufgaben nach ihrem Anforderungsprofil:

Dabei lassen sich vier zentrale Einflussfaktoren (Ebenen des Textverstehens) beschreiben:

1. **Lesermerkmale** (Konzentrationsfähigkeit, volontionale und motivationale Faktoren...)
2. **Unternommene Aktivitäten** (Einsatz von Lesestrategien...)
3. **Beschaffenheit des Textes** (Anf. An Vorwissen, propositionale Dichte, Syntax...)
4. **Leseanforderungen** (resultieren aus de Leseziel bezogen auf den jeweiligen Lesestoff: welche Verstehensziele in Aufgabe festgelegt? Welche vom Text vorgegebene Verstehensanforderung?)

   1-4: *demand*

5. Instruktionsmerkmale (regulieren das Maß des *support* einer Aufgabe)

→*demand* und *support* sollen ausgewogen sein, wenn Aufgabe komplex und offen, S überfordert.

Aufgaben in Anschlussuntersuchungen an PISA in drei schwierigkeitsbestimmenden Merkmalen beschrieben:

a) **Integrationsgrad:** Maß für die Komplexität einer Aufgabe (wie viele Variablen? Vernetztheit, Menge der nötigen Verknüpfungen) (DEMAND)
b) **Entscheidungsspielraum:** Maß der Determiniertheit von Ausgangszustand, Lösungsprozess und erwünschtem Ergebnis (Offenheit dieser Aspekte?) (SUPPORT) selbstgesteuert/fremdge. (Kompetenzorientierung vs. Vertieftes Verstehen durch starke Steuerung)
c) **Präzisionsgrad:** Maß für die Tiefenschärfe, mit der die Aufgaben selbst und der Text zu lesen sind

Anforderungsbereich I (Reproduktion)

Dieser Anforderungsreich enthält die für die Lösung einer Aufgabe notwendigen Grundlagen an **Wissen / Kennen**.

Er umfasst das Wiedergeben und Beschreiben von Sachverhalten aus einem abgegrenzten Gebiet im gelernten Zusammenhang sowie die reproduktive Verwendung geübter Arbeitstechniken und Methoden. Hier werden vor allem Reproduktionsleistungen gefordert.

Anforderungsbereich II (Transfer)

Im Zentrum dieses Anforderungsbereiches steht das eigenständige **Anwenden /Übertragen** von Gelerntem.

Er umfasst das selbständige Auswählen, Ordnen, Bearbeiten, Erklären und Darstellen bekannter Sachverhalte und insbesondere den Transfer bekannter Inhalteund Methoden auf andere Sachverhalte, zum Beispiel auf neue Fragestellungen, Verfahrensweisen, Sachzusammenhänge oder unbekannte Texte. Hier werden vor allem Organisations- und Transferleistungen gefordert.

Anforderungsbereich III (Reflexion)

Den Schwerpunkt dieses Anforderungsbereiches bildet das selbständige **Urteilen / Bewerten**.

Er umfasst den bewussten, reflektierten Umgang mit neuen Erkenntnissen, insbesondere Problemstellungen, und den angewandten Methoden, um zu eigenständigen Begründungen, Folgerungen, Perspektiven, Kontextuierungen, Lösungen, Werturteilen usw. zu gelangen. Hier werden vor allem Leistungen der Problemlösung und der Urteilsfindung gefordert.

AUFGABENPRÄFERENZEN von Lehrkräften:

Trendorientierte:

Hauptmerkmal ist Zustimmung bei Handlungs- und produktionsorientierter Aufgabe, Ablehnung maximal offener Aufgabe

Angebotsorientierte:

Gleichbleibend hohe Zustimmung aller vorgeschlagener Aufgaben

Lernerorientierte:

Zustimmung bei maximal offenen Aufgaben, eigenständiges Entdecken und individuelles Deuten von Schülern verlangt

Gegenstandsorientierte:

Auffällige Ablehnung von handlungs- und produktionsorientierter Aufgabe; Präferenz bei Aufgaben, die den Text und seine deutungsrelevanten Merkmale fokussieren

EVALUATION VON LESEKOMPETENZ

Kinder und Jugendliche haben, wie Erwachsene, unterschiedliche Interessen und Themen, die sie zum Lesen motivieren.

Auch ihre Fähigkeiten, Schrift zu entschlüsseln und Texten Sinn abzugewinnen sind sehr verschieden ausgeprägt. Dies liegt u.a. daran, dass sie von Anfang an unterschiedliche sprachliche Erfahrungen machen (Herkunftsmilieu)

Kindliche Leseentwicklung ist nicht linear (in Stufen), sondern oft sprunghaft und teils entgegen der erwartbaren Reihenfolge der Lernschritte, die nur als Orientierung dienen sollten, nicht als Vorgabe.

Lesen und Verstehen anspruchsvoller Texte setzt verschiedenste Entwicklungsschritte voraus. Mit zunehmender Komplexität der Struktur der Texte, höherer Informationsdichte oder symbolhafter Darstellung bieten Texte größere Herausforderungen an die Lesekompetenz.

Entwicklungen lassen sich nur „in der Zeit" beobachten → Prozesse, in denen sich die Heranwachsenden Techniken und Zugangsweisen im Umgang mit Texten aneignen, müssen in den Blick genommen werden, was einer kontinuierlichen Beobachtung bedarf. Punktuelle Lernkontrollen sind dagegen eher ungeeignet.

Jedenfalls soll die Beobachtung nicht in erster Linier der Feststellung von Mängeln dienen, sondern vielmehr dem Erkennen von Ressourcen, also bereits entwickelten Fähigkeiten, auf denen das weitere Lernen und Fördern aufbauen kann.

Drei Ziele dabei im Vordergrund:

1. Erkennen von Stärken und Schwächen
2. Ermutigung zu nächsten Lernschritten
3. Bestmögliche Förderung

Beim Lesen handelt es sich um einen komplexen Vorgang, der aus mehreren Teilprozessen besteht, die Beachtung verdienen. Leider sind fördernde Maßnahmen nicht immer direkt aus den Beobachtungen ableitbar. Sinnvoll sind daher vor allem Verfahren, die die Lernenden in die Beobachtung einbezieht. Zwei Verfahren haben sich besonders bewährt:

1. **Lesetagebuch** (über Wochen, Monate, oder gar Jahre geführt; gibt Aufschluss über diverse Fähigkeiten:)

   - Lesemengen und Häufigkeit
   - Ausdauer beim Lesen
   - Leseverstehen
   - Mitteilungsbereitschaft
   - Fähigkeit der Beurteilung und Reflexion über Texte
   - Einordnung der Einzellektüren in Gesamtlektüre
   - Erzählfähigkeit
   - Lesemotivation
   - Leseinteressen

2. **Beobachtungsraster** (Erfassung einzelner Teilfähigkeiten)

   - Lesetempo
   - Verstehensleistung auf Wort, Satz und Textebene
   - Erinnerungsfähigkeit an Gelesenes
   - Eigenständiger Umgang mit Texten
   - Lesemenge
   - Lesefertigkeiten
   - Textaussagen miteinander verknüpfen und reflektieren
   - Zielgerichtetheit des Lesens

7